MÉMOIRE

SUR

L'UTILITÉ DE L'ENSEIGNEMENT DE GRAMMAIRE

Dans l'Instruction de la Femme

ADRESSÉ A MM. LES DÉPUTÉS

PAR

Mme ASTIÉ DE VALSAYRE.

Prix : 50 centimes

PARIS

Société d'Imprimerie et Librairie administratives et des Chemins de fer

PAUL DUPONT

41, RUE JEAN-JACQUES-ROUSSEAU, 41

1883

MÉMOIRE

SUR

L'UTILITÉ DE L'ENSEIGNEMENT DE GRAMMAIRE

DANS L'INSTRUCTION DE LA FEMME (1)

En novembre 1882, en vertu de mon certificat d'examen de grammaire en date du 5 novembre 1874, j'ai eu l'honneur de demander à M. le Recteur de l'Académie de Paris l'autorisation de faire à la mairie du IVe arrondissement un cours public et gratuit des notions élémentaires de la langue latine, à l'usage des jeunes filles qui se destinent à l'enseignement et conformément aux programmes issus de la loi du 22 janvier 1882.

L'examen de grammaire n'ayant été jusqu'à présent qu'à l'usage des aspirants au grade d'officier de santé et de pharmacien de deuxième classe, M. Duvaux, alors ministre de l'instruction publique, ne put accéder à ma demande, appuyée par M. le docteur Gueit-Dessus, maire du IVe arrondissement, où devait avoir lieu le cours, et par MM. Legouvé de l'Académie Française et Fousset, député du Loiret.

L'Académie de Paris m'engagea alors à soumettre ce cas entièrement nouveau à la décision du Conseil académique qui, en raison de la circulaire du 14 janvier 1882, engageant MM. les Recteurs à ne pas se montrer trop exigeants au point de vue des grades dans une situation aussi neuve que celle créée par les

---

(1) Voir *Journal général de l'Instruct. publ.*, *Bulletin pédag. d'Enseign. second.* Ann. 1883, n° 12, p. 139.

nouveaux programmes, pouvait m'appliquer l'article 77 § II de la loi du 13 mars 1850.

Je réitérai donc ma demande, qu'appuyèrent MM. Barodet, député du IVe arrondissement, Germain Casse, député de mon arrondissement et Paul Bert, auteur de la circulaire ministérielle du 14 janvier 1882, en sollicitant en outre d'ouvrir une pension de jeunes filles, qui, *avec le concours de professeurs agrégés de l'Université*, ne préparerait que l'enseignement en vigueur dans les lycées depuis la classe primaire jusqu'à la quatrième. Mais le Conseil académique, « *dans l'état de la législation* » (sic), ne crut pas pouvoir m'accorder les dispenses nécessaires à ce sujet.

J'avais déjà pensé que le certificat dont j'étais munie ne serait probablement pas suffisant pour m'autoriser à m'occuper d'enseignement, et, à ce sujet, j'avais consulté plusieurs personnages notables. Tous m'ont encouragée à formuler ma demande, et un de ceux auxquels je soumettais ma crainte d'insuffisance de diplôme m'a même répondu :

— Pourquoi, et surtout dans l'état actuel, vous empêcherait-on d'enseigner ce que vous avez appris : le certificat de grammaire n'est-il donc pas suffisant pour enseigner cette grammaire et ne l'a-t-on pas trouvé assez bon pour aspirer au grade d'officier de santé, au moins aussi important que celui de professeur ?

Ces paroles me frappèrent d'autant plus que tout diplôme, brevet ou certificat donne le droit d'enseigner les matières qu'il renferme. Le certificat de grammaire fait exception à cette règle. La loi du 10 avril 1852 l'a désigné comme nécessaire pour passer dans la division supérieure, et le règlement du 23 décem-

bre 1854 l'a rendu indispensable pour l'officier de
santé et le pharmacien de 2ᵉ classe. Mais, jusqu'à présent, rien ne l'a désigné comme impropre à l'enseignement: la loi est restée muette, peut-être faute d'occasion
de l'utiliser sur ce point. Il a donc, jusqu'à ce jour,
été régi par les lois générales de l'instruction publique,
et il existe peut-être là une lacune, comme il s'en trouve
partout, la plupart du temps, lacune que les circons-
tances comblent lorsqu'il se présente un cas de perfec-
tionnement.

Une innovation, si utile qu'elle soit, est toujours
grossière au début et ne se perfectionne qu'avec le
temps et la pratique. Il y aura donc bien des tâton-
nements dans l'enseignement secondaire des jeunes
filles et, pour arriver à un résultat satisfaisant, de
nombreux essais seront indispensables. Me souvenant
que, parfois, un sot ouvre un avis important, et
croyant, du reste, que dans un état nouveau, chacun doit
essayer, selon ses moyens, de contribuer à la réussite
d'une tentative aussi intéressante que celle de l'enseignement secondaire des jeunes filles, je prends la
liberté de vous soumettre un mémoire que j'ai pré-
senté au Conseil académique à l'appui de ma demande
et qui a été, en partie, inséré dans le *Bulletin péda-
gogique d'enseignement secondaire* du *Journal général
de l'Instruction publique*.

Il peut, jusqu'à un certain point, prouver l'importance qu'aurait l'enseignement de grammaire dans l'instruction de la femme, importance que nous avons
longuement expérimentée par nous-mêmes, et nous
espérons être utile en soumettant ces faibles apprécia-
tions, d'autant plus que les programmes d'enseignement
secondaire des jeunes filles « errent », disent les com-
pétents, et que la Chambre, dans sa séance du 13 jan-

vier dernier, a inscrit à son ordre du jour la proposition relative aux certificats d'études universitaires.

Jusqu'à présent, la femme a été instruite si superficiellement qu'elle a marché en aveugle dans la vie, sans comprendre un seul des innombrables phénomènes qui l'entourent. Bien souvent elle est restée court devant les questions si insidieuses de l'enfant, et quelquefois même elle a été contrainte de lui répondre que la lune a la dimension d'un fromage ou, comme le dit gauloisement une vieille chanson dont personne ne paraît soupçonner l'ironie, que : « les petits bateaux vont sur l'eau, parce qu'ils ont des jambes. »

« Pourquoi la femme néglige-t-elle ses enfants et son intérieur ? pourquoi ruine-t-elle son mari ? Parce qu'elle ne sait rien », a dit M. Legouvé, dans ses admirables conférences.

Aujourd'hui, on a compris que les deux sexes étant faits pour vivre ensemble, pour marcher parallèlement, pour avoir le même but et les mêmes intérêts, une instruction dissemblable semble plutôt propre à élever entre eux une barrière, et à faire naître l'incompatibilité d'humeur. Un homme d'Etat a prononcé ces profondes paroles : « Commencez par rapprocher les esprits, si vous voulez ensuite rapprocher les cœurs. »

Il ressort de ce point de départ que l'instruction devrait être la même pour l'homme et pour la femme et, dans les classes élevées, les baccalauréats usuels à l'un comme à l'autre. Mais là se dressent mille obstacles, qui peuvent se résumer à un seul, puissant comme mille autres, nous avons nommé la routine.

Avec elle, point d'accommodement : elle ne plie pas, elle rompt, et la majorité en est atteinte. Pour un seul éclairé, cent timorés sont là, prêts à jeter les hauts cris au seul nom de bachelière, qui n'offre à leur esprit que la fâcheuse anomalie portant le pittoresque sobriquet de *bas-bleu*, ou pis encore, une repoussante virago, le fusil sur l'épaule et cela par la faute de quelques folles qui, par leurs extravagances, ont compromis la cause que nous défendons ici.

Quel est celui de nous qui voudrait voir ainsi sa mère, sa femme, sa fille ou sa sœur? Aucun sans nul doute. Ils sont donc excusables ces timorés qui n'ont pas su démêler la désagréable exception et qui n'ont pas entrevu comme l'éminent académicien, M. E. Legouvé, l'entrevit il y a plus de trente ans, qu'une instruction sérieuse doit, au contraire, faire de la jeune fille la femme forte, pilier de la famille et conservateur de tout.

La pédanterie a rendu odieuse la femme savante ou plutôt celle qu'on nomme ainsi. Molière l'a persiflée, Gavarni l'a caricaturée, Diderot a déclaré qu'il aimerait mieux épouser sa blanchisseuse, Balzac s'est écrié: « Je préférerais une femme qui eût de la barbe à une femme qui eût du savoir », et Jean-Jacques Rousseau a choisi Thérèse Levasseur en jetant à la femme bel-esprit l'accusation d'être le fléau de tout le monde.

Nous serions de cet avis si nous ne constations pas une trop grande tendance à confondre le savoir avec la pédanterie. De plus, nous avons quelque raison de croire que cette pédanterie se développe plus aisément à la faveur de l'instruction superficielle donnée à la femme jusqu'à présent, qu'avec une instruction assez sérieuse pour faire du moins entrevoir à cette dernière l'étendue de ce qu'elle ignore. Mais on est prompt à adopter une opinion sans assez l'approfondir et ensuite, rien n'est plus tenace qu'un préjugé : l'horreur de la pédanterie conduit presque à diriger la femme vers la futilité, dont une instruction solide la préserverait. Pendant longtemps encore, les éternels sourds continueront à instruire leurs filles comme leurs trisaïeules, préparant ainsi dans ces enfants de nouveaux ennemis à combattre pour l'instruction de la femme. Plus on les brusquera, plus ils s'entêteront et deviendront intraitables, aveuglés par le parti pris, indignés d'une innovation dérangeant après des siècles les idées d'infériorité féminine enracinées par l'habitude, cette seconde nature.

« Plus fait douceur que violence »

à dit La Fontaine, et l'eau perce le roc à la longue. En demandant moins qu'un baccalauréat, peut-être parviendrait-on peu à peu, grâce au temps et à l'habitude, à convaincre ces timorés par la persuasion, la patience et surtout d'heureux résultats.

« Je préfère un bon examen de grammaire à certains baccalauréats, » me disait une fois un professeur de faculté. Un bon examen de grammaire, tout est là, et malheureusement la plupart de ceux qui le subissent sont des fruits secs, préparés en serre chaude, ce qui nuit à cet examen auprès de ceux qui ne sont pas des observateurs sérieux.

Il est cependant facile de comprendre qu'il n'en serait pas ainsi pour des jeunes filles préparées *ad hoc* pendant des années : cet examen serait nécessairement sérieux. Il est peu propre à faire naître la pédanterie avec les naïfs exemples de Lhomond ; il met définitivement la femme sur la route qui lui permettra un jour de rattraper l'homme tout en laissant en outre subsister encore entre les deux sexes la légère infériorité chérie des routiniers ; il est la base d'une instruction solide.

Les jeunes filles pourraient ensuite aborder facilement les baccalauréats ; le nombre des bachelières augmenterait chaque jour et enfin elles seraient beaucoup plus sérieuses que celles reçues jusqu'à ce jour et qui, eu égard à la difficulté de l'enseignement masculin pour la femme, ont subi cette préparation en serre chaude que nous désignons comme défavorable.

De plus, bachelières ou simplement munies de l'examen de grammaire, ces jeunes filles deviendraient pour nous des auxiliaires puissants, des mères éclairées, poussant leurs filles de ce côté au lieu de les en détourner.

En deuxième lieu, les examens imposés maintenant aux jeunes filles sont au moins aussi difficiles qu'un baccalauréat ; l'exiguité du latin rend ardue l'étude d'une langue néo-latine comme le français. Le manque de grec complique, par l'absence des étymologies, les sciences si utiles pour donner de la rectitude aux idées et pour développer l'esprit d'analyse. Enfin, sans ces deux langues, la littérature, principalement celle de la Renaissance, perd la plus grande partie de ses beautés, sans oublier dans les auteurs modernes le classique *Télémaque*, pour n'en citer qu'un, qui, n'étant pas préparé par l'Iliade et l'Eneïde, devient quelque peu bizarre.

Les jeunes filles munies du certificat d'examen de grammaire n'auraient-elles pas plus de facilité pour aborder les programmes actuels, si chargés de lettres et de sciences ?... Nous le croyons sincèrement, car nous en avons connu une fort capable absolument démontée par l'intimidation, à l'examen du brevet supé-

rieur, et à cette simple question : *Qu'est-ce qu'un ther-
momètre* ? N'eût-elle pas été plus à l'aise si elle eût
possédé quelques bribes de Lancelot ou des racines
grecques de Bailly ?

Il est en outre un troisième point sur lequel nous ne
pouvons nous étendre ici et que nous ne mentionne-
rons qu'à titre de mémoire, nous réservant peut être
d'y revenir plus tard : le grade d'officier de santé doit
être supprimé ; mais ne serait-il pas bon, imitant
toujours la sage lenteur de la nature, de laisser jusqu'à
nouvel ordre subsister ce grade pour la femme, dont
l'assistance près de son sexe est en certains cas plus
convenable que celle de l'homme ? N'aurait-on pas tout
avantage et tout progrès à remplacer ainsi peu à peu
les sage-femmes, ce corps si défectueux au point de
vue scientifique et quelquefois au point de vue moral ?
N'engagerait-on pas la femme, par cette facilité, à
aborder le doctorat en médecine et à fréquenter l'école
qui possède si peu de Françaises, lorsque l'Amérique et
la Russie y envoient chaque jour une foule de doctoresses et qu'on y compte une mulâtresse, ce qui est
honteux pour la supériorité réclamée par la race
blanche ? Si pareille décision était prise, comme beaucoup d'excellentes intentions sont souvent réduites à
néant par la difficulté de l'exécution, un nouvel horizon
s'ouvrirait pour notre institution, aplanissant la route
et évitant pendant les études scolaires le mélange des
deux sexes dans les cours.

Enfin, nous ne craignons pas de l'avancer, l'enseignement de grammaire nous paraît indispensable à la
femme ou plutôt au rôle qu'elle est appelée à jouer
dans la maternité. Son principal rôle n'est-il pas d'être
mère, de ne pas se borner à mettre des enfants au
monde et à leur donner les soins matériels, mais de

s'attacher à les instruire pour former des hommes utiles à la patrie? Nous sommes utilitaires : songeant que l'enfant est plus souvent avec sa mère qu'avec son père généralement retenu au dehors, nous voudrions que l'instruction de la femme fût d'abord dirigée du côté de l'instruction de l'enfant. A quel moment a t-il le plus besoin de sa mère? Est-ce lorsqu'il fait sa rhétorique, sa philosophie ou ses mathématiques? Non, car il peut alors voler de ses propres ailes : c'est lorsqu'il étudie sa grammaire, qu'il se perd dans son *Epitome* ou cherche inutilement un accusatif que n'indique pas son dictionnaire.

Il y a plus de petites bourses que de grandes. Combien ne peuvent supporter des frais d'internat qui supporteraient ceux de l'externat du lycée, s'ils n'étaient malheureusement trop souvent frappés de stérilité par l'absence du répétiteur. Placer l'enseignement de grammaire dans les mains de la femme, c'est la création du répétiteur naturel, gravant les leçons mieux que tout autre : c'est la vulgarisation par excellence de l'instruction, c'est le rachat de tant d'intelligences perdues faute de ressources !

Les sciences ne nuisent pas, puisqu'aucun savoir ne saurait nuire. Mais ne seraient-elles pas ici les perles du poignard chanté dans les *Orientales* et dont l'humble grammaire est la lame, sans laquelle il serait inutile ?

Nous le répétons, les programmes actuels ne nous semblent pas utilitaires pour la *femme du monde;* ils enseignent trop de choses de seconde utilité et laissent à l'écart les plus utiles, c'est-à-dire les grammaires latine et grecque.

Entendez-vous un enfant demander à sa mère pourquoi il faut deux *c* à *accepter*, et cette dernière lui répondre :

— Je n'en sais rien, cela ne fait pas partie de nos programmes. Mais je puis t'expliquer le système de Gall et celui de Lavater.

Les hypothèses, déjà mauvaises pour un esprit entièrement fait, peuvent-elles donc être utiles dans un cas d'instruction féminine et ne vaudrait-il pas mieux que cette mère pût répondre :

— Il faut deux *c* à *accepter* parce que ce mot vient du verbe *accipere, accipio, accepi, acceptum*, d'où est venu le mot français *acception* ?

Nous croyons superflu d'insister davantage sur la nécessité de l'examen de grammaire pour la femme, cette seule raison satisfaisant entièrement aux premières et éternelles questions : « A quoi cela peut-il servir ? A quoi cela conduira-t-il ? » Le but ne manque pas, l'utilité est clairement indiquée et la grandeur de la mission peut fermer la bouche aux ennemis les plus acharnés ; et avant de quitter ce sujet, nous nous bornerons à combattre le préjugé poussant à croire que si la femme poursuivait les baccalauréats, elle ne parviendrait à ce but qu'à un âge défectueux pour le mariage. Les jeunes gens sont bacheliers de seize à dix-huit ans et la plupart des jeunes filles restent en pension jusqu'à cet âge ; si alors elles ne savent rien, à qui la faute, si ce n'est à l'enseignement mal organisé et aux pertes de temps occasionnées par les futilités qui tiennent tant de place dans l'instruction de la femme ?

Nous terminerons, Messieurs, ce petit mémoire en appelant votre attention sur les cours de Notions élémentaires de latin que nous voudrions ouvrir à la mairie du IV⁰ arrondissement, et pour cela, il est nécessaire de revenir sur ce que nous disions au début : savoir que les baccalauréats sont le but vers lequel semblent tendre les innovations introduites dans l'instruction de la femme.

Ceci posé, si le latin est aujourd'hui facultatif, le sera-t-il encore d'ici quelques années? Tout porte à supposer que non, et outre qu'il n'est jamais bon de ne pas savoir tout ce que l'on doit enseigner, lorsque chaque institutrice sera tenue de le savoir, quel sera le sort de cette jeune fille qui, au prix de travaux plus pénibles qu'on ne le croit généralement, vient d'obtenir laborieusement son brevet supérieur ?

Réglementairement, il n'y aura rien de changé. Ce brevet lui conferra toujours les mêmes droits, mais la date seule ne lui impliquera-t-elle pas une tache d'infériorité, et pouvons-nous répondre qu'il ne surgira pas quelque directrice d'institution, industrielle à ses heures, qui en profitera pour lui dire : « Vous ne savez pas le latin, tandis que mademoiselle une telle le sait. J'en suis désolée, mais je ne puis donc vous payer autant qu'elle. Dorénavant, au lieu de gagner deux cents francs, vous n'en gagnerez plus que cent. »

Elles sont nombreuses, ces jeunes filles, elles ont vingt ans à peine ! Cette ignorance ne sera pas de leur faute et leur sort n'est déjà pas fort enviable ! Quel cruel déboire elles éprouveraient alors à la fleur de l'âge, au moment où tout dit d'espérer? Ne serait-ce pas les rendre victimes innocentes de transformations louables, faites pour un excellent motif?

Nous avons songé à leur éviter autant que possible cette déception et à les tenir au moins au courant des innovations. En un mot, dans leur intérêt particulier, comme dans l'intérêt commun, nous avons voulu leur faciliter l'étude du latin, que leur position de fortune ne leur permettrait peut-être pas de faire à leurs frais, et nous avons pensé à leur enseigner les déclinaisons et les conjugaisons, jusqu'au moment où des mains plus habiles que les nôtres continueront, complèteront et perfectionneront l'humble entreprise commencée par nous.

Pour résumer ces quelques lignes, nous dirons que l'enseignement de grammaire nous paraît la véritable instruction utilitaire de la femme, et qu'il est en outre le degré pratique d'une échelle dont le sommet est le baccalauréat. Si l'officier de santé femme nous donne des doctoresses, l'examen de grammaire nous donnera des bachelières.

Nous croyons donc qu'il est plus prudent de gravir cet échelon que de l'escalader et nous pensons qu'actuellement, il serait peut-être utile que le certificat d'examen de grammaire devienne par une loi *un diplôme pour l'enseignement des jeunes filles seulement*, et qu'il permette de leur enseigner les matières des programmes exigées depuis la classe primaire, jusqu'à la quatrième.

Paris, le 30 *mai* 1883.

MARIE ASTIÉ DE VALSAYRE

Paris-Imp. PAUL DUPONT 4L rue Jean-Jacques-Rousseau. 1739.7.83 R